Franz Oeters

Schritte zum Glauben für Zeitgenossen

Theologie/Religionswissenschaft, Band 17

Franz Oeters

Schritte zum Glauben für Zeitgenossen

Verlag für wissenschaftliche Literatur

Umschlagabbildung: *sunset mood on top of tirol mountain with peaks clouds and sun* © a2l – Fotolia.com

ISBN 978-3-7329-0346-7
ISBN (E-Book) 978-3-7329-9708-4
ISSN 1862-6157

Herstellung durch Frank & Timme GmbH,
Wittelsbacherstraße 27a, 10707 Berlin.
Printed in Germany.
Gedruckt auf säurefreiem, alterungsbeständigem Papier.

www.frank-timme.de

Inhaltsverzeichnis

1 Einleitung

Seit langem beobachten wir eine schwindende Religiosität der Menschen in Deutschland und Europa, zugleich sind aber weite Kreise davon überzeugt, daß die Religiosität zurück kommen muß, wenn unsere europäische Kultur überleben soll. Denn diese Kultur basiert auf ihrer christlichen Grundlage, und sie braucht diese Grundlage. Um uns z.B. dauerhaft des totalitären Anspruchs des Islamismus mit Erfolg erwehren zu können und um unserem Ziel näher zu kommen, die – genuin christlichen – Menschenrechte durchzusetzen, müssen wir uns unserer christlichen Grundlage in der Öffentlichkeit wieder bewußt werden. Wir können die Rückkehr der Religiosität nicht erzwingen, aber wir dürfen auf sie hoffen, und wir sollten das Unsrige dazu beitragen, daß diese Hoffnung erfüllt wird; denn die Menschen sehnen sich nach einem mit Sinn erfüllten Dasein.

Obgleich, wie Carl-Friedrich von Weizsäcker es formuliert hat, *die überlieferte Form der christlichen Religion dem modernen Bewußtsein entschwindet* – und das muß man als Tatsache akzeptieren –, ist das christliche Denken und Empfinden dem modernen Bewußtsein keineswegs verloren gegangen. Man spricht in diesem Zusammenhang heute nur nicht mehr von christlichen, sondern von westlichen Werten, und merkt dabei nicht oder will nicht merken, daß diese Werte die christlichen s i n d. Der Grund für das Verschweigen der christlichen Eigenschaft der Werte ist einfach. Einerseits brauchen wir die Werte, um uns mit ihnen unserer abendländischen Kultur zu vergewissern und um unser Leben unter einen höheren Sinn stellen zu können. Andererseits meinen wir, auf den begrifflichen und den bildlichen Kontext, aus dem die Werte einmal hervorgegangen sind, verzichten zu können. Der Kontext ist zum Teil biblisch, zum Teil ist er zusammen mit den kirchlichen Dogmen entstanden. Er ist eine Vorstellungswelt, die beginnend mit der Aufklärung sich nach und nach aufgelöst hat und aus der Sprache unserer Alltagswelt heute fast völlig verschwunden ist. Aus diesem Verschwinden kam es zu der Tendenz, christliche Werte in westliche umzubenennen. Es ist typisch, daß wir selbst als Christen in der Alltagswelt zwar mit den westlichen Werten leben, aber die christliche Sprache kaum noch benutzen. Das war vor 150 Jahren noch anders. Der Verfasser z. B. weiß es aus den niedergeschriebenen Erinnerungen seines Urgroßvaters. Die christliche Sprache ist – ausgenommen vielleicht bei denen, die fundamentalistisch eingestellt sind – fast nur noch im Kirchenraum und in der Theologie präsent.

Mit dem Verzicht auf die christliche Sprache und dem damit drohenden Vergessen der christlichen Quelle laufen wir allerdings Gefahr, den Anschluß an die Geschichte und damit an das Fundament unseres kulturellen Selbstbewußtseins zu verlieren.

Es bleibt somit die Aufgabe, eine Ausdrucksweise zu finden, die das Christliche nicht verschweigt und doch dem Denken unserer Zeit angemessen ist. Um das zu erreichen, oder – vorsichtiger ausgedrückt – um uns dieser Aufgabe anzunähern, werden im Folgenden einige Überlegungen vorgestellt zu der Frage, wie man als moderner, durch das Zeitalter der Naturwissenschaft geprägter Mensch heute den christlichen Glauben verstehen und den Weg zu ihm finden kann, ohne seine Prägung aufzugeben – denn darum geht es –, und zwar aus der Sicht dieses von der Naturwissenschaft geprägten Zeitgenossen selbst. Das Thema ist auf die inhaltlich-begriffliche Seite des Glaubens beschränkt. Sie soll dem Zeitgenossen einen freien Zugang zum Glauben ermöglichen. Die existenzielle Seite des Glaubens wird angedeutet.

Wo stehen wir im evangelischen Schrifttum? Dort ist die Frage, wie der durch das Zeitalter der Naturwissenschaft geprägte Mensch den Weg zum Glauben finden kann, erst nach und nach gestellt worden. Der klassische Glaube wurde vorausgesetzt. Das hat sich inzwischen geändert. Vor etlichen Jahren schon diskutierte man sowohl im evangelischen als auch im römisch-katholischen Schrifttum über das Verhältnis von moderner Wissenschaft und Theologie, wobei anfangs allerdings häufig Versuche der wechselseitigen Abgrenzung das Thema beherrschten. Diese Diskussion hat viel zur Klärung der jeweiligen Positionen beigetragen, und dafür sollen wir dankbar sein. Für die Frage, wie man heute zum Glauben kommen kann, war die Diskussion aber weniger hilfreich. Denn die Wirklichkeit dieser Welt, der sich die Naturwissenschaft und die ihr verwandten Disziplinen widmen, und die Wirklichkeit Gottes, mit der die Theologie befaßt ist, sind aufeinander bezogen. Deshalb kann die Antwort darauf, wie der vom naturwissenschaftlichen Zeitalter geprägte Mensch den christlichen Glauben verstehen und den Weg zu ihm finden kann, eigentlich nicht in Abgrenzung, sondern nur darin bestehen, einen Brückenschlag zu vollziehen, anders ausgedrückt, aus der Position der Wissenschaft kommend und über sie hinausgehend, also nicht gegen die Wissenschaft sondern aus ihr heraus den Weg zum Glauben zu finden. Wenn man so denkt, gehören moderne Wissenschaft und Theologie zusammen, es besteht kein Widerspruch sondern ein Bezug zwischen ihnen.

Dieser Bezug ist nicht neu. Es ist eine Tatsache, daß viele der bedeutenden Naturwissenschaftler, so Einstein, Planck, Heisenberg, Jordan, Weizsäcker und andere gläubig waren. Das ist kein Zufall. Denn gerade die Erfahrung des Naturwissenschaftlers läßt für nicht Wenige die Frage nach dem Sinn der Schöpfung entstehen und setzt damit ein Denken „über die Position der Wissenschaft hinaus" in Gang.

Wenn man den Weg aus der Wissenschaft heraus zum Glauben gehen will, sollte man die wesentlichen Aspekte des Glaubens in der Vorstellungswelt des heutigen Denkens ausdrücken. Hier ist nun in der Theologie selbst inzwischen manches geschehen. Entscheidende Ansätze sind schon bei Rudolf Bultmann und Dietrich Bonhoeffer zu finden. Aus neuerer Zeit seien die Arbeiten von Dorothee Sölle, Klaus-Peter Jörns, Matthias Kröger und Hans Martin Barth genannt. Es geht unter anderem um ein besseres Verständnis der Mythen, um ein so genanntes religionsloses Christentum und um ein verändertes Gottesbild. Im Einzelnen auf diese Arbeiten einzugehen, würde hier zu weit führen. Einige ihrer

Ergebnisse fließen in die vorliegenden Ausführungen mit ein.

Um die Aspekte des Glaubens möglichst konsequent in der heutigen Vorstellungswelt auszudrücken, wird hier ein Weg gegangen, bei dem als Ausgangsposition der Anfang der Entstehung von Religion in der Geschichte der Menschheit gewählt und diese Position in wenigen Stichworten religionsgeschichtlich und sozialwissenschaftlich beschrieben wird. Mit diesem Vorgehen gewinnen wir einen Standort, der – frei von Mythologie – unserem heutigen Erkenntnisstand angemessen ist. Wir bleiben auf diesem Standort und der ihm zugehörigen Betrachtungsweise und führen im weiteren Verlauf von ihm aus schrittweise die wichtigsten Inhalte und Aspekte des Glaubens in die Betrachtung ein. Zentrale Vorstellung, die alles überwölbt, ist das Heilige als die primäre religiöse Erfahrung des Menschen überhaupt. Auf dem gewählten Weg begegnen uns die Wahrheiten unseres Glaubens, jedoch, wie wir anstreben, in einer mehr unserem Zeitgeist angemessenen Ausdrucksweise. Zu dem gewählten Weg gehört auch, die wissenschaftliche Sicht so zu erweitern, daß sie über einen rein positivistischen Blick hinausgeht, damit auf diese Wiese die für alle notwendige Einheit des Verstehens gewahrt bleibt.

Im ersten Teil des Aufsatzes wird beschrieben, wie die geschichtliche Entwicklung des Glaubens, die Entstehung des Gesetzes und die Schöpfungsgeschichte heutzutage zu verstehen sind. Im zweiten Teil werden der Glaube und die Realität der Glaubenserfahrung dargestellt. Diese Abschnitte enthalten eine Portion Subjektivität des Verfassers, sollten aber nicht fehlen. Danach wird ein neues Gottesbild, welches sich aus der veränderten Position des Menschen gegenüber der Schöpfung ergibt, diskutiert. Anschließend werden einzelne Aspekte, die aus der Glaubenserfahrung sichtbar werden, behandelt. Am Schluß steht ein kurzer Kommentar zum apostolischen Glaubensbekenntnis, weil dieses Bekenntnis Vorstellungen enthält. die der Zeitgenosse nur schwer nachvollziehen kann.

Namen in Klammern verweisen auf die am Ende des Textes angegebene Literatur. Hinweise auf Bibelzitate sind in üblicher Weise formuliert. Frau Claudia Geißler danke ich für Ihre wertvolle Hilfe zum Thema Mystik.

2 Geschichtliche Aspekte des Glaubens

Der biblische Bericht über den heutigen Menschen beginnt mit dem Mythos der Vertreibung aus dem Paradies. Obgleich dieser Mythos veraltet ist, beschreibt er doch richtig die Wirklichkeit des Menschen in der Welt. Diese Wirklichkeit muß in heutigen Begriffen ausgedrückt werden. Davon ausgehend können wir die Position des Menschen im Urzustand von Religion erkennen und weiter von dort aus den Weg zum Glauben mit den zugehörigen Randbedingungen nachvollziehend abschreiten. Randbedingungen sind unter anderem der Begriff der Sinnwelt, die Deutung der Gesetze, die Schöpfungsgeschichte und das Gottesbild. In diesem Abschnitt seien stichwortartig die humangeschichtlichen Voraussetzungen des Weges zum Glauben beschrieben. Leitende Maxime bleibt, daß der Glaube aus Erfahrung kommt.

Der Mensch wie wir ihn heute kennen, lebt in einer offenen Welt, was für ihn Freiheit bedeutet, und er besitzt die Eigenschaft, Dinge und Ereignisse mit Hilfe der Sprache zu versachlichen, woraus Distanz und die Fähigkeit zum Planen und Gestalten entstanden.

In der offenen Welt gestaltet der Mensch sein Zusammenleben durch Ordnungen, und er muß darüber hinaus jene Ordnungen, die über die Generationenfolge hinaus dauerhaft sein sollen, institutionalisieren. Solche der äußeren Welt angehörenden Ordnungen und Institutionen müssen legitimiert werden. Das geschieht, indem der Mensch so genannte Sinnwelten[1] (Berger/Luckmann) bildet. Zwischen den äußeren Ordnungen und den inneren geistigen Sinnwelten herrscht ein dialektisches Verhältnis. Sie tragen sich gegenseitig. Sinnwelten sind eine der Grundlagen von Religion.

Der Ursprung der Religion ist die unmittelbare Erfahrung des Heiligen in der dem Menschen offen gewordenen Welt (Rudolf Otto), und zwar zuerst in Form von guten und bösen Geistern, dann als Götter und schließlich von Gott. Die Sinnwelten der menschlichen Ordnungen wurden wohl bald dem Heiligen zugeordnet, oder das Heilige wurde umgekehrt ihnen zugeordnet, weil das den legitimierenden Sinnwelten erst die objektive Kraft gibt. Diese objektive Kraft ist das Heilige. Die durch die Zuordnung des Heiligen gekennzeichneten Sinnwelten nennt man religiöse Sinnwelten. Wir bezeichnen sie im weiteren Verlauf dieser Abhandlung kurz einfach als Sinnwelten.

Durch die Zuordnung des Heiligen bekamen die Sinnwelten ein Gesicht. Es waren Götter – später Gott –, die für den Menschen das Heilige verkörperten und die Sinnwelt bewohnten. Die Beziehung des Menschen zu den Göttern bzw. zu Gott und zu der ihnen zugeordneten und von ihnen geheiligten Sinnwelt nennen wir Glauben. Die Götter waren zuständig für den Sinn der verschiedenen Lebensbereiche, konnten aber, da sie heilig waren, auch direkt eingreifen.

1 Eine Beschreibung des Begriffes Sinnwelt findet sich am Ende des Textes.

Bei Homer ist das nachzulesen. Wir nennen einen Gott, der direkt eingreift, einen *deus ex machina* in Anlehnung an diesen Begriff in der griechischen Tragödie.

In der weiteren Ausgestaltung der Sinnwelt wurden dem Sinn Gesetze zugeordnet, die unmittelbar das Verhalten des Menschen in den Ordnungsstrukturen regelten. Die für das Zusammenleben der Menschen wichtigsten Gesetze wurden geheiligt. Alles das diente dem Ziel, die Ordnungsstrukturen und damit das Zusammenleben der Menschen zu stabilisieren und es den Menschen möglich zu machen, in die offene Welt hinein zu planen und zu gestalten. Für beides ist der Glaube an Gott und die von ihm repräsentierte religiöse Sinnwelt das wesentliche Hilfsmittel, welches die Strukturen stabilisiert. Das gilt bis heute. Erst jetzt beginnen sich diese Strukturen teilweise aufzulösen. Aber wir brauchen stets Sinn und sinngebende Strukturen. Wenn diese langfristig stabil sein sollen, bedürfen sie der Heiligung. In unserer Zeit ist es der Glaube an die letztendliche Güte der Schöpfung (P. L. Berger), also an eine heilige Ordnung, welcher Heiligung bietet. Das vermittelt Sinn, schafft Vertrauen und gibt das Gefühl der Sicherheit, um angstfrei in die Zukunft hinein zu planen und zu gestalten.

Im Laufe der Geschichte nahm die Zahl der Götter ab. Das Volk Israel war in der heidnischen Umwelt wohl das einzige, das bereits nur noch einen Gott kannte, der dementsprechend die Sinnwelt Israels ganz beherrschte. Der Gott wollte im Unterschied zu den Göttern der Nachbarvölker keine Brand- und Tieropfer mehr. Und er liebte sein Volk. Alle drei Umstände stellten geschichtlich gesehen eine qualitative Überlegenheit des kulturellen Niveaus Israels gegenüber der Religiosität der Umwelt dar.

Der Gott des Volkes Israel wurde als Ursprung und Schöpfer alles Seienden angesehen. Schöpfungsmythen wie diesen gibt es in vielen Religionen. Ihnen liegt ein Bewußtsein der Abhängigkeit von einem göttlichen Schöpfer und der Gedanke eines Gewirktseins der Kreatur zugrunde. Wir übernehmen diesen Gedanken und nennen im Folgenden ebenfalls die Welt eine Schöpfung.

Der Glaube Israels war noch gesetzlich. Mit dem Erscheinen des Jesus von Nazareth gab es in der geschichtlichen Entwicklung der Menschheit einen qualitativen Sprung. Jesus lehrt im Evangelium die Menschen nicht mehr die alte Gesetzlichkeit, sondern stattdessen eine neue Art von Freiheit in der Verantwortung der Liebe für den Nächsten und für die Welt. Er schenkte ihnen auch eine neue Art des Gottvertrauens, die über das frühere Vertrauen weit hinaus ging und dem Menschen ein bisher unbekanntes Maß an Sicherheit im Planen und Handeln gab. An die Stelle des starren Gesetzes tritt die Verantwortung des Liebesgebotes im Gehorsam der Nachfolge Jesu Christi. Auch die Sündenvergebung dient dem Ziel, Sicherheit und Vertrauen zu festigen und damit Freiheit von Angst zu ermöglichen. Die Verkündigung Jesu darf aber nicht dahingehend mißverstanden werden, daß Jesus ein Gesetz nicht mehr für nötig hielt. Das Gesetz bleibt die Regel, nach der die Ordnungsstrukturen mit ihren Sinnwelten aufgebaut sind. Jesus selbst sagt: „*Ihr sollt nicht wähnen, daß ich gekommen bin, das Gesetz oder die*

Propheten aufzulösen; ich bin nicht gekommen, aufzulösen, sondern zu erfüllen" (Mt. 5, 17). Es ist ein neuer Umgang mit dem Gesetz, der von Jesus verkündet wird. Dafür zeugen die Inhalte des christlichen Evangeliums einschließlich der Apostelbriefe, die bis heute zentraler Bestandteil unserer Sinnwelt sind und durch den Glauben – bewußt oder unbewußt – unser Verhalten bestimmen.[2]

Jesus von Nazareth wurde Jesus Christus: durch seine Worte, durch den Glauben seiner Jünger an die Inkarnation des Göttlichen in seiner Person und durch seine Auferstehung.

Die Auferstehung des gekreuzigten, gestorbenen und begrabenen Jesus, wie sie uns in der Bibel berichtet wird, nämlich mit der Feststellung des abgewälzten Steines und des leeren Grabes durch die Frauen, mit dem Jüngling, der im Grab erscheint und die Auferstehung Jesu meldet, und schließlich mit dem Erscheinen des Auferstandenen vor den Jüngern, diese Auferstehung kann aus der heutigen wissenschaftlichen Weltsicht nicht mehr als diesseitiges Phänomen nachvollzogen werden. Das ändert aber nichts daran, daß ohne den auferstandenen Christus der christliche Glaube nicht zu denken ist. Der Auferstandene war und ist in der

2 Die Evangelien und die Apostelbriefe bilden zusammen mit der Offenbarung des Johannes das Neue Testament. Dieses Neue Testament basiert geschichtlich auf dem Alten Testament. Jesus war ein gläubiger Jude. So gesehen müssen wir genau genommen das Alte und das Neue Testament und damit die Heilige Schrift insgesamt als die für uns maßgebende Sinnwelt ansehen. Im folgenden sprechen wir der Deutlichkeit halber aber weiter vom Evangelium und der Nachfolge Christi, weil dies den Schwerpunkt des christlichen Glaubens ausmacht.

geschichtlichen Wirklichkeit des Glaubens und der Kirche bis heute der Herr und wird es auch bleiben. Die gesamte Wirklichkeit des Glaubens und das damit einhergehende sehr diesseitig reale Verhalten der Glaubenden beruht darauf, daß Christus lebt. Er lebt in der Gemeinde der Gläubigen als deren Herr, was am besten durch das Bild verdeutlicht wird, welches von ihm selbst stammt: *Ich bin der Weinstock, ihr seid die Reben. Wer in mir bleibt und ich in ihm, der bringt viel Frucht; denn ohne mich könnt ihr nichts tun* (Joh. 15, 5).

Es gibt Versuche, die Auferstehung in heutiger Sprache theologisch auszudrücken. Darauf wird an dieser Stelle nicht eingegangen.

3 Das Gesetz

Unser Verhalten wird von Gesetzen beherrscht, die von den Gesetzen Gottes bis zu den Naturgesetzen reichen. Sie alle zusammen regeln das Geschehen in der Schöpfung. Es ist zu fragen, auf welche Weise diese Gesetze letztendlich in der Schöpfung verankert sind. Die Gesetze Gottes sind uns in der Bibel überliefert, die Gesetze der Natur wurden von den Wissenschaftlern durch Erfahrung gefunden. Aber auch die Gesetze Gottes sind zu allererst aus menschlichen Erfahrungen erwachsen, und zwar schrittweise im historischen Ablauf der Niederschrift solcher Erfahrungen. An den Sprüchen Salomos kann man das gut erkennen. In den ersten Büchern dieser Sprüche kommt Gott nicht vor, es ist nur immer wieder von dem „Gerechten", seinem Lebenswandel und dem daraus erwachsenen Segen die Rede. Erst in den späteren Büchern der Sprüche wird dieses Leben tatsächlich auf Gott bezogen. Der Schreiber weiß das jetzt. Vorher wußte er nur die Richtigkeit des Wandels des Gerechten. Das Wissen um diese Richtigkeit entwickelte sich unter den Menschen schrittweise zu einem heiligen Wissen und wurde Bestandteil ihrer Sinnwelt, weil es fundamental für das Zusammenleben war. Es mußte eine Instanz geben, die die Heiligkeit verkörperte. Diese Instanz war Gott. Das Gesetz Gottes ist also ebenfalls ursprünglich auf Erfahrung zurückzuführen. Es waren die Priester und Propheten, die

die Erfahrungen niederschrieben und schrittweise in – sagen wir es mit heutigem Sprachgebrauch – theoretische Vorstellungen, damals Mythen genannt, gossen, und es waren die Priester, die so die von den Menschen fühlend gewollte Heiligung konkret vollzogen und die Heiligkeit festhielten.

Das Verhalten der Propheten und Priester bei der Heiligung der Gesetze durch Mythenbildung ist analog zu dem der Forscher heute, wenn sie wissenschaftliche Erfahrungen in theoretische Modelle gießen. Wir verstehen, daß die Gesetze Gottes und die heutigen Naturgesetze gleichartigen Ursprungs sind, nämlich, aus Erfahrungen stammend, früher in Mythen gegossen, heute in Theorien ausgedrückt. Solange wir glauben, daß die Welt eine Schöpfung ist, sind alle diese Gesetze, die der Priester und die der Forscher gleichermaßen, göttlichen Ursprungs, nämlich Teil der Schöpfung selbst. Das Wesen der Gesetze lernen wir aus unserer Erfahrung kennen, später bringt der denkende Mensch die Vielfalt der Erfahrungstatsachen durch Verallgemeinerung oder gar Heiligung auf wenige Begriffe und Vorstellungen und macht dadurch die Erfahrungen verständlich, wodurch die Gesetze zugleich gesellschaftlich akzeptabel und verpflichtend werden.

Zum besseren Verständnis kann man die Gesetze als Stabilitätskriterien der Schöpfung auffassen, und zwar in der Hierarchie der einzelnen Ebenen von der unbelebten Natur über die Lebewesen bis zu den sozialen Systemen der Menschen. So gelten schon auf unterster Ebene die Gesetze von der Erhaltung der Masse und der Energie. In der Ebene der Lebewesen ist eines der wichtigsten Stabilitätskriterien das Gesetz der Homöostase. Es besagt, daß alle Lebensvorgänge stets dem Ziel der Erhaltung dieses Lebewesens dienen müssen und damit diesem Ziel untergeordnet sind. Gut zu erkennen ist dies z.B. an den Heilungsprozessen, und zwar sowohl in der nicht-menschlichen Natur als auch beim Menschen selbst. Die zielstrebige Gerichtetheit solcher Prozesse ist kaum zu begreifen, wenn man sich dahinter nicht ein geistiges Prinzip denkt (Bateson). Auf der sozialen Ebene des Menschen ist die Einhaltung des Gesetzes Gottes das Stabilitätskriterium. Die Sinnwelten, in welche diese Gesetze eingebaut sind, konkretisieren das und dienen so der Stabilisierung der Gesellschaft. Im Abschnitt über die geschichtlichen Aspekte des Glaubens wurde darüber gesprochen.

Man könnte fragen, wozu brauchen wir einen Glauben, wenn das alles gleich ist. Es ist nicht alles gleich. Nur der Mensch hat die Freiheit, die Gesetze zu beachten oder zu mißachten, wobei er in beiden Fällen die Folgen trägt. In allen anderen Welten, in der lebenden wie der unbelebten Natur, ist das Geschehen den Gesetzen unterworfen. Es gibt keine Freiheit im menschlichen Sinn. Diesen Unterschied kann man von alters her als eine Definition des Humanen sehen. Das Humane bildete sich zusammen mit der Entstehung der durch Glauben begründeten Sinnwelten. Ein weiteres Moment der Sinnwelten ist wie gesagt die Heiligung. Der Mensch erfährt und braucht Heiligung. Auch dieses Moment ist ein Charakteristikum der Entstehung des Humanen. Der Sinn für das Heilige und die Heiligkeit Gottes sind die zwei Pole, die die Wirklichkeit des Glaubens umfassen.

4 Die Schöpfungsgeschichte

Der biblische Mythos der Schöpfung beginnt damit, daß die Erde wüst und leer war. Dann schuf Gott das Licht, in heutiger Sprache die Energie, während mit der Existenz der Erde die Materie als schon vorhanden angenommen wird. Der nächste Akt der Schöpfung ist die Trennung der Materie in die Aggregatzustände und die Beschreibung, wie sich das Feste und das Flüssige unter dem Einfluß der Schwerkraft und der geologischen Kräfte über die Erde verteilen. Insgesamt entspricht diese Beschreibung, abgekürzt und vereinfacht, unserem heutigen Wissen, jedenfalls widerspricht sie ihm nicht. In den weiteren Schöpfungsakten Gottes folgt die Erschaffung des Lebens und dessen, was daraus entstand bis hin zum Menschen. Die Reihenfolge der Erschaffung der Lebewesen, wie sie in der Schöpfungsgeschichte beschrieben ist, wird von den Ergebnissen, die die paläontologische Forschung als experimentelle Basis der Abstammungslehre bis heute herausgefunden hat, weitgehend bestätigt.

Noch vor ein paar Jahren wurde darüber gestritten, ob die Schöpfungsgeschichte der Bibel oder die Abstammungslehre Darwins richtig sei. Dieser Streit ist ein Scheinstreit. Die Abstammungslehre und unser Wissen über das, was ihr vorausgeht, entspricht, wie gesagt, in wesentlichen Zügen der Schöpfungsgeschichte der Bibel, nur in den Einzelheiten ist unser Wissen dank der empirischen Forschung genauer.

In beiden Fällen haben Menschen aus ihren Beobachtungen heraus die Entstehung der Welt bzw. des Lebens zu erklären versucht. Die Beobachtungen blieben im wesentlichen gleich, nur ihre Vielfalt und Tiefe nahmen mit der Zeit zu. Die Verfasser der Schöpfungsgeschichte leiteten aus ihnen einen Mythos ab, Darwin entwickelte aus ihnen die Abstammungslehre. Für den Glaubenden ist auch diese Lehre eine Schöpfungsgeschichte, ausgehend von der Vielfalt und Tiefe unserer heutigen Naturbeobachtung. Eine Schöpfungsgeschichte deshalb, weil die Entwicklung der Welt und des Lebens nicht abgeschlossen ist, sondern weitergeht als eine Schöpfung, die ununterbrochen Neues entstehen läßt (Bateson u. Eigen/Winkler).

Schöpfungsmythen und wissenschaftliche Theorien sind Menschenwerk, wie es unsere heutige Weltvorstellung ist. Der biblische Bericht beantwortet, was dahinter steht, was transzendent ist. Die Transzendenz erschließt sich dem Glauben.

5 Der Glaube

Der Glaube hat stets zwei Seiten. Auf der einen ist er unreflektiert naiv. Er hat seine eigene Welt, in der er aus Worten der Heiligen Schrift und Liedversen lebt, unberührt von Lehre, Dogma und Aufklärung (Sievers). Auf der anderen ist er theologisch reflektiert und soll als solcher dem Menschen dieser Gegenwart verständlich sein. Davon ist hier die Rede.

Der Glaube, von dem wir reden, ist, wie gesagt, die Beziehung des Menschen zu Gott und der von ihm repräsentierten und geheiligten Sinnwelt, wobei Gott die Personifizierung des Heiligen in der Sinnwelt ist (s. S. 14). Den Inhalt der Sinnwelt verstehen wir als die an den Menschen gerichtete göttliche Botschaft. Sie wird verkündet durch die Stimme der Propheten. Der Prophet nimmt die ihm aus der Welt zugekommenen Erfahrungen auf und mißt sie an den Maßstäben seines Glaubens. Er bildet daraus ein Urteil. Dieses Urteil ist die Botschaft des Propheten von Gott.[3] In der Praxis durchlaufen solche Botschaften noch Stadien der Bearbeitung, bevor sie zum heiligen Kanon gehören, ihr Wesen ändert sich dadurch nicht. Auch Jesus von Nazareth kann man in diesem Sinne einen Propheten nennen, allerdings vertrat er einen weit darüber hinaus gehenden Anspruch, nämlich Gottes Sohn und damit der Christus zu sein (s. S. 17). Für uns Heutige ist das Evangelium von Jesus

3 Siehe hierzu auch die auf S. 19 f. beschriebene Entstehung des Gesetzes.

Christus nach wie vor die göttliche Botschaft, um die es geht, und die den wesentlichen Inhalt unserer Sinnwelt ausmacht, und zwar auch dann, wenn die Sprache des Evangeliums mit weltlichen Begriffen überdeckt ist, z.B. indem christliche in westliche Werte umbenannt werden. Eine andere Sinnwelt als diese gibt es nicht, da bekanntlich die kommunistische Ideologie als Gegenmodell in der westlichen Welt nicht Fuß fassen konnte. Glauben bedeutet, sich der in unserer Sinnwelt zum Ausdruck kommenden heiligen und damit göttlichen Botschaft zu öffnen. Ihre Wirkung entfaltet die Botschaft vermittels des Glaubens, indem der Glaubende aus ihr seine Identität findet und seine Handlungsmaximen ableitet.

Der Weg zum Glauben geht von unserer diesseitigen Erfahrung aus. Das bedeutet, wir müssen diese Erfahrung transzendieren, um zum Glauben zu gelangen. Die Erfahrungen unserer Zeit sind dazu nicht weniger geeignet als es diejenigen früherer Jahrhunderte waren. Sie sind nur anders. Stets geht es darum, aus einer inneren Bereitschaft heraus diesseitige Erfahrungen zu hinterfragen und sie zu transzendieren. Das Denken „über die Wissenschaft hinaus“, das wir anfangs nannten, ist ein Hinterfragen, und es ist auf unserem Wege die Vorstufe des Tranzendierens. Wer hinterfragt, sucht eine Antwort. Sie wird gefunden, indem der Suchende sich dem Göttlichen und seiner Botschaft öffnet. Das nennen wir Transzendieren, anders ausgedrückt ist es das, was für Sören Kierkegaard der „Sprung in den Glauben“ ist. Wir steigen mit dem Sprung hinüber in eine göttliche Wirklichkeit – lat. transcendere –, wobei man fragen kann, ob der Mensch diesen Akt tatsächlich selbst vollzieht oder ob es nicht Gott – oder „das Göttliche“ – ist, der den Menschen erwählt. Die Antwort darauf könnte aus heutiger Sicht lauten: es ist beides. Der Mensch tut den Sprung und das Göttliche öffnet – offenbart – sich ihm.

Durch den Akt des Glaubens nehmen wir das Göttliche als eine Wirklichkeit an. Es ist eine heilige Wirklichkeit und sie ist transzendent. Der Mensch muß sich bewußt sein, daß er im Glauben in eine Wirklichkeit eingetreten ist, die nicht von dieser Welt ist (Joh. 18, 36). Deshalb darf man transzendente Glaubensvorstellungen nicht einfach wie ein Ding, gewissermaßen als zusätzliche Einflußgröße des Geschehens in die wissenschaftlich zu verstehende Wirklichkeit dieser Welt einführen. Solches Vorgehen nennt man Verdinglichung und es führt zu magischem Denken. In der alten Kirche wurden Glaubensvorstellungen verdinglicht. Entsprechend war magisches Denken verbreitet. Man findet es nicht selten auch heute noch. Der aus der wissenschaftlichen Welt kommende Glaubende sollte Verdinglichung um der Wahrheit und um der Glaubwürdigkeit willen vermeiden.

6 Die Realität der Glaubenserfahrung

Glaube entsteht, wie wir sagten, aus Erfahren, Hinterfragen und Transzendieren. Um diese Vorgänge für den Glauben lebendig werden zu lassen, müssen wir sie in der Realität unseres Lebens konkretisieren, wobei wir von der Geisteshaltung des heutigen, durch das wissenschaftliche Zeitalter geprägten Menschen auszugehen haben, einer Geisteshaltung, die oft nur noch ein diffuses religiöses Sehnen ist. Wir haben bei diesem Sehnen, diesem Urbedürfnis nach Religion anzusetzen. Damit gehen wie bis auf eine vorchristliche Position zurück.

Das Urbedürfnis nach Religion wird in der persönlichen Entwicklung des Menschen unterschiedlich befriedigt. In der abendländischen Welt wird dem Menschen meistens auch heute noch eine Antwort schon in der Kindheit gegeben. Die Zahl der Menschen ohne einen Kinderglauben nimmt aber zu.

Für alle, ob mit oder ohne Kinderglauben, gilt: Die Erfüllung des religiösen Urbedürfnisses ist das Gewahrwerden des Heiligen (s. S. 14), und dieses erwacht aus einem Hinterfragen nach dem Sinn der uns umgebenden vordergründigen Wirklichkeit. Je nach Lebenslage des Einzelnen gibt es vielerlei Arten von Erkenntnissen aus dieser Wirklichkeit, die uns zu dem Gewahrwerden des Heiligen führen können.

Oft ist es einfach nur ein Staunen. Genannt seien in dieser Hinsicht die Geordnetheit der Schöpfung, des Kosmischen, deutlich z.B. in der Erfahrung des Frühlingserwachens. Dann die Erfahrung von Schönheit als Ordnung und die Erfahrung von Gerechtigkeit als Ordnung. Weiter die Erfahrung von Liebe und die daraus entstehende Dankbarkeit für das Bewahrt- und Getragenwerden des eigenen Lebens – woraus der Kinderglaube entsteht – oder des Lebens Anderer, eingeschlossen die Wahrnehmung des Glaubens der Anderen. Auch mystische Erleuchtung gehört zum Gewahrwerden des Heiligen. Ferner lassen die Gesten des Tröstens, die Erfahrung von Humor, eines plötzlichen befreienden Lachens, und alle Art von Spiel vielfach das Heilige erfahren (Peter L. Berger).

Zusammengefaßt sind es im weitesten Sinne Erfahrungen der Schaffung oder der Wiederherstellung von Ordnung, aus denen wir des Heiligen gewahr werden. Denn Ordnung ist das, was heil ist, und heilig ist das, was Ordnung gewährt oder schafft. Deswegen folgt für den, der die besagten Erfahrungen macht und ihnen mit einer offenen Bereitschaft begegnet, die Beugung vor dem Heiligen.[4]

Rudolf Otto teilt die Erfahrung des Heiligen in zwei Kategorien. Die eine ist das fascinans, das Begeisternde. Dazu zählen alle Beispiele, die hier aufgeführt sind. Die andere ist das tremendum, das Schauervolle. Es wird heute seltener erlebt als früher, kommt aber, besonders bei Kindern, auch heute vor.

4 Siehe auch Psalm 104 und etliche Lieder von Paul Gerhardt.

Der Weg von der Erfahrung des Heiligen zum Glauben besteht aus mehreren Schritten. Ich versuche, sie zu beschreiben. Am Beginn steht die Fähigkeit oder auch nur die Bereitschaft, die sichtbare und meßbare Welt nicht als selbstverständlich zu nehmen, sondern über sie zu staunen. Zu staunen über die Erfahrungen, die oben aufgezählt sind, und über vieles andere. Für den Naturwissenschaftler nimmt das Staunen zu, je tiefer die Erkenntnis der Natur ist. Ihm drängt sich die Frage auf, wer diese Wirklichkeit geschaffen hat und welcher lebendige Geist sie letztlich durchdringt. Aber nicht nur die Erfahrung der Natur ist staunenswert, sondern das ganze Leben. Das Staunen ist auch nicht den Wissenschaftlern vorbehalten, sondern jedem gegeben. Von Goethe stammt der Satz „Das Staunen ist des Menschen bester Teil". Der Dichter Hans-Erich Nossack, ein heutiger Zeitgenosse, sagt: „Wenn ich mir eine ewige Seligkeit vorstellen sollte, möchte ich sie am besten mit ewigem Staunen schildern".

Staunen also ist der erste und, wie mir scheint, vom Menschen aus gesehen der wichtigste Schritt auf dem Wege, den wir beschreiten. Wer staunt, hinterfragt die gegebene Wirklichkeit. Er hinterfragt sie nach dem lebendigen Geist, der diese Wirklichkeit erschaffen hat und durchdringt. Das ist der zweite Schritt. Wenn wir auf diese Frage eine Antwort erhalten, wenn wir den schöpferischen Geist erahnen, spüren, seiner gewahr werden, dann entsteht Ehrfurcht, tiefe Ehrfurcht. Das ist der dritte Schritt. Aus der Ehrfurcht heraus kommt es zur Anbetung, das ist der vierte Schritt. Er ist nur kurz, und er ist zwingend, denn die Ehrfurcht zieht uns mit unwiderstehlicher Kraft dahin, den schöpferischen Geist als heilig zu erfahren und anzubeten. Die einzelnen Schritte selbst können in der konkreten Wirklichkeit des einzelnen Erlebens natürlich eine große Mannigfaltigkeit annehmen. Die einzelnen Schritte brauchen auch unterschiedliche Zeit, damit vielfältige Erfahrungen zusammen kommen.

Die Schritte vom Staunen zur Anbetung sind, wie schon angedeutet, das, was wir Transzendieren nennen. Die Schritte verändern den Menschen. Im Staunen hat er noch einen Beobachterstatus. In der Anbetung des Göttlichen, gibt es diesen Status nicht mehr, der Mensch ist persönlich gemeint, und er wird persönlich gefordert, zur Verantwortung gerufen. Es ist die Erfahrung des Heiligen Geistes. Wir können es auch die Erfahrung des Reiches Gottes nennen.

Auch die auf S. 19 f. beschriebene Heiligung der Gesetze ist ein Akt des Transzendierens. Und auch diesem Akt geht die Erfahrung des Heiligen voraus.

Der Glaube, wie wir ihn hier beschrieben haben, führt den aus der säkularen Welt Kommenden heute nicht mehr als erstes zu seiner *Erlösung*, sondern dazu, daß sein Leben in der pluralistischen Gesellschaft wieder von Gott her einen *Sinn* erhält. Erst in den weiteren Schritten der Glaubensentwicklung stellt sich ihm dann unabweisbar die Frage, wie er mit der Wirklichkeit dieser Welt einschließlich der Realität des Bösen, auch der in seinem eigenen Herzen, umgehen soll. Wenn er dann ebenso unabweisbar vor Gott fragt: „Wer bin ich und was soll ich tun“, findet er zu Jesus Christus und dessen Botschaft, die hier durch den Ausspruch Jesu: „*Ich bin der Weg, die Wahrheit und das Leben. Niemand kommt zum Vater denn durch mich*" (Joh. 14, 6) in einem Satz ausgedrückt sei, eine Begegnung, die schrittweise seine Existenz immer mehr und schließlich ganz erfaßt und durchdringt, wenn er den Mut zum Glauben hat.

Zum rechten Verständnis sei hier noch einmal daran erinnert, daß das Göttliche für unsere Sinne letzten Endes unerkennbar bleibt. Es ist eine Wirklichkeit, die alle diesseitige Erfahrung übersteigt. Durch den Glauben erfaßt diese Wirklichkeit Schritt für Schritt unser ganzes Leben und wirkt so in die Welt hinein. Maßstab des Wirkens ist die im Glauben angenommene Botschaft. Die Wirklichkeit des Glaubens bleibt transzendent. Man kann an sie nicht die wissenschaftlichen Maßstäbe der Welt legen. Sie ist allein erfahrbar durch den Glauben. Der Ungläubige weiß nichts von ihr (Joh. 9, 39–41; 1. Kor. 2, 14–16). Aus dem Glauben erwächst die Nachfolge. Nachfolge ist der Gehorsam des Glaubenden gegenüber dem Ruf Jesu im Evangelium. Die Welt legt an das Handeln des Nachfolgenden ihre Maßstäbe, die Transzendenz des Glaubens bleibt.

So verstanden bedeutet Glauben nicht Flucht aus dem wirklichen Leben in eine scheinbar heile Welt. Wohl aber bedeutet es, den Kontrast unserer eigenen Unzulänglichkeit zu der Wirklichkeit dessen, was wir das Reich Gottes nennen, zu erkennen, und zwar unausweichlich. Das Erleben der religiösen Wirklichkeit bringt diesen Kontrast ans Licht (Dag Hammarskjöld) und stellt so dem Glaubenden die Aufgabe, das Reich Gottes immer wieder erneut in die Wirklichkeit dieser Welt eindringen zu lassen. Das ist möglich unter der Gnade. Im Abschnitt über die Schöpfung als selbst regulierendes System ist hierüber Weiteres gesagt.

7 Mystik

Der in vorigen Abschnitt beschriebene Weg mit den drei Schritten des staunenden Gewahrwerdens des Heiligen, der Ehrfurcht und der Anbetung ist ein Weg des Menschen zu Gott. Das Heilige wird uns, wie gesagt, gewahr aus den Erfahrungen der uns umgebenden Schöpfung, also der äußeren Welt, die weiteren Schritte werden im Innern des Menschen gegangen. Diese inneren Schritte nennen wir üblicherweise Kontemplation oder Meditation. An deren Ende steht die Anbetung des Göttlichen. So verstanden können wir insgesamt von einem inneren Weg sprechen, und weil er ein innerer Weg ist, fällt er, theologisch gesprochen, unter den Begriff Mystik. Damit sind wir beim Thema Mystik angelangt. Unser im vorigen Abschnitt beschriebener Weg ist ein Weg der Mystik.

Gemäß kirchlicher Lehre ist der Weg der Mystik zu unterscheiden von den zwei anderen Wegen zu Gott, nämlich dem über das Wort der Heiligen Schrift – aus dem Gott uns anspricht – und dem über das Sakrament – in welchem Gott uns in Gestalt von Brot und Wein als Zeichen von Leib und Blut Christi begegnet – (Zimmerling). Während diese beiden Wege in der Regel über die kirchliche Verkündigung laufen, wird der mystische Weg manchmal auch ohne die Kirche gegangen.

An dieser Stelle muß nun etwas zur Verwendung des Begriffes Mystik gesagt werden. Das Wort Mystik leitet sich von der Kontemplation ab, aus der heraus dem Meditierenden eine Erleuchtung, das so genannte mystische Erlebnis, von den Griechen Einweihung genannt, zuteil wird. Das griechische Wort μυέω heißt einweihen, μυέω seinerseits leitet sich von μύω, verschließen (Augen, Lippen, Wunden) ab. Das eingeweiht sein kommt also von dem sich nach außen verschließen, damit der Meditierende in eine innere Versunkenheit und als Folge davon zu der mystischen Einweihung gelangt. Vorläufer dieser Art Meditation sind die eleusinischen Mysterien der Griechen, die Mystik des Mittelalters und die Exerzitien des heiligen Ignatius von Loyola. Wenn der Begriff Mystik auf das und nur auf das beschränkt bleibt, was mit dem soeben beschriebenen mystischen Erlebnis zu tun hat, so ist er zwar eng, entspricht aber genau seiner etymologischen Entstehungsgeschichte. In neuerer Zeit wird Mystik von vielen Theologen aber weiter gefaßt, nämlich als alles das, was den inneren Weg zu Gott ausmacht. Dazu gehört dann auch das, was wir im vorigen Abschnitt „Die Realität der Glaubenserfahrung" genannt haben. Wir verwenden den Begriff Mystik in diesem erweiterten Sinne, weil jeglicher innere Weg darunter erfaßt wird, und weil der Weg, der eine besondere Erleuchtung einschließt, sich nur in der Intensität aber nicht im Wesen von den anderen, nicht mit dieser Erleuchtung einhergehenden Formen des inneren Weges unterscheidet. In diesem Sinne sind wir alle Mystiker, und nur dann trifft auch der am Ende dieses Abschnittes zitierte Ausspruch von Karl Rahner zu, daß nur dem Mystiker eine Glaubenszukunft beschieden sein wird.

Es ist in diesem Zusammenhang sinnvoll, zwischen dem mystischen Bewußtsein und dem mystischen Erlebnis zu unterscheiden (Zimmerling). Ein mystisches Bewußtsein haben wir mehr oder weniger alle, ein mystisches Erlebnis können wir haben, wenn wir uns durch Meditation darauf vorbereiten. Insoweit ist Meditation ein unverzichtbarer Bestandteil des inneren Weges. Das Erlebnis selbst kann im einzelnen unterschiedliche Form und Stärke annehmen. Es kann geistig betrachtend sein, es kann bewußt gefühlsbetont verlaufen bis hin zur Ekstatik, beide Formen mit oder ohne Gebet – was immer wir unter Gebet verstehen –, oder es kann in mehr oder weniger wesentlichen Teilen sich im Unbewußten abspielen. Ziel ist stets die direkte Begegnung des inneren Selbst mit Gott.

Die kontemplative Versunkenheit des Meditierenden und das darauf folgende mystische Erleben sind primär ein innerpsychischer Vorgang (Albrecht). Sie sagen nichts darüber aus, wes Geistes Kind der Meditierende ist. Im weiteren Verlauf der Versunkenheit kommen aber über das Innerpsychische hinausgehende Erfahrungen hinzu. Die Bewußtseinszustände des mystischen Erlebnisses sind allerdings nicht direkt berichtbar oder verbal auszudrücken. Sie sind Gefühlszuständen ähnlich, aber sie sind auch Erkenntniszustände in Form von Offenbarungen und Erleuchtungen. Der Mystiker spürt im Zustand seines Erlebnisses seinen Willen außer Kraft gesetzt. Er fühlt sich ergriffen und gehalten von einer höheren Macht. Es ist die Wahrnehmung einer heiligen Ganzheit. Eine solche unmittelbare Verbindung zur Gottheit ist für die Mystik konstitutiv. Mystik kann man jede Frömmigkeit nennen, die den Weg zur Gottheit durch innere Erfahrung zu finden sucht oder gefunden hat.

In dem Erlebnis des Heiligen entsteht häufig eine große Glaubenssicherheit, die andernfalls kaum so erlangt wird. Insofern trifft das mystische Erlebnis die religiöse Grundstruktur des Menschen.

Es gab eine Zeit im 19. und zu Beginn des 20. Jahrhunderts, da war Mystik in der Theologie verpönt. Als Zugang zu Gott galten nur Wort und Sakrament. Das hat sich inzwischen geändert. Dem mystischen Weg gilt heute die Zukunft.

Das Band der Mystik verbindet alle Religionen durch die Erfahrung des Einsseins und die Erfahrung der Ganzheit. Dennoch gibt es keine allgemeine mystische Tradition, weil Mystik immer nur in Beziehung zu bestimmten kulturellen Gegebenheiten und deshalb auch immer nur in Beziehung zu bestimmten Religionen steht. So gehen auch die großen Mystiker und Mystikerinnen unserer Breiten wie Johannes vom Kreuz, Teresa von Avila, Hildegard von Bingen oder Meister Eckhart vom christlichen Schöpfergott aus, dessen Hände uns halten und umfangen, und der unseren Weg zu ihm ermöglicht. In diesem Zusammenhang ist auch die Mystik des Apostels Paulus zu nennen, die sich bei ihm als Christus-Mystik oder Jesus-Ergriffenheit zeigt. Wichtig dabei ist, daß der Pneuma-Christus des Paulus Wesenszüge des irdischen Christus trägt, dem wir im Evangelium begegnen. Deshalb muß man vom Evangelium sprechen, wenn man den Mystiker Paulus verstehen will. Das scheinbar Dogmatische bei Paulus ist sein Bemühen, das mystische Erleben in Begriffe zu bringen. Es wäre ein Mißverständnis, den Apostel primär als Dogmatiker zu deuten. Auf die bei uns heutzutage viel zitierte Mystik des Zen-Buddhismus wird hier nicht eingegangen, weil es eine außerchristliche Bewegung ist.

Das mystische Erlebnis ist seit der Antike für viele bedeutende Persönlichkeiten der Ausdruck echter Religiosität, so z.B. für Plato und Plotin, Newton, Leibnitz, Spinoza, Schopenhauer und Jung. Einstein („Wie ich die Welt sehe") sagt: „Das tiefste und erhabenste Gefühl, dessen wir fähig sind, ist das Erlebnis des Mystischen. Aus ihm keimt alle Wissenschaft. Wem dieses Gefühl fremd ist, wer sich nicht mehr wundern und in Ehrfurcht verlieren kann, der ist bereits tot. Das Wissen darum, daß das Unerforschliche wirklich existiert und daß es sich als höchste Wahrheit und strahlende Schönheit offenbart, wovon wir nur eine dumpfe Ahnung haben können – dieses Wissen und die Ahnung sind der Kern aller wahren Religionen." Karl Rahner, katholischer Theologe des 20. Jahrhunderts, meint: „Der Fromme von morgen wird ein Mystiker sein, einer, der etwas erfahren hat, oder er wird nicht mehr sein". (Rahner: Theologie, S. 22).

8 Das Gottesbild

Götter sind, wie gesagt, die Personifizierung des Heiligen in der Sinnwelt. Im Laufe der Geschichte nahm die Zahl der Götter ab, bis es in der jüdisch-christlichen Welt nur noch einen Gott gab und bis heute gibt. Von ihm machen sich die Menschen ein Bild. Obwohl es im ersten Glaubensartikel mit gutem Grund heißt: „du sollst dir kein Bild von mir machen“ (2. Mos. 20,4; auch 3. Mo. 26,1), ist es doch immer wieder ein Bild – oder eine Vorstellung –, welches sich die Menschen zu machen versuchen, und dieses Bild kommt stets der Wirklichkeitsvorstellung des jeweiligen Zeitalters nahe. Ein solches Bild hat anthropomorphe Züge und ist zeitgebunden. Es ändert sich.

Aus der Veränderung der heutigen Wirklichkeit folgt die Notwendigkeit, Konsequenzen für das Gottesbild zu ziehen. Für unsere Zeit erkannte das als erster wohl Dietrich Bonhoeffer. Nachdem die Aufklärung den Menschen hatte mündig werden lassen, verlor das bisher verbreitete Bild eines befehlenden *deus ex machina* (Bonhoeffer: „Widerstand und Ergebung“), der von seinem Thron aus das Geschehen in der Welt regiert und jederzeit eingreifen kann, wenn er will, immer mehr seine Gültigkeit. Heute stehen wir, aus unserem wissenschaftlichen Seinsverständnis kommend, vor einem heiligen Gegenüber, das – wie beschrieben – die Wirklichkeit der Welt durchdringt, und zwar zu jeder Zeit und an allen Orten dieser Welt. Es ist die durchdringende und überwölbende Transzendenz, wie sie Siegfried Buddeberg genannt hat, es ist das Sein-selbst, das, was uns unbedingt angeht, wie Paul Tillich sagt, es ist der non-theistische Gott, wie ihn Matthias Kröger nennt. Bonhoeffer drückt es so aus, daß wir die im Glauben erfahrene Wirklichkeit Gottes nie ohne die Wirklichkeit der Welt und die Wirklichkeit der Welt nie ohne die Wirklichkeit Gottes erfahren sollen. Das Zusammendenken der beiden Wirklichkeiten bedeutet, wir sollen Gott suchen in dem, was wir erkennen, und nicht in dem, was wir nicht erkennen. Dieser Empfehlung folgten wir, als wir die Realität der Glaubenserfahrung aus dem Gewahrwerden des Heiligen nachzeichneten.

Carl Friedrich von Weizsäcker (Deutlichkeit, S. 149) erinnert daran, daß das uns von früher her überlieferte Gottesbild seinen Ursprung in der griechischen Ontologie hat und „daß man diese Ontologie nicht einfach, gleichsam durch einen operativen Eingriff, entfernen kann, um zu einer rein biblischen Theologie, die es so nie gegeben hat, zurückkehren zu können". „Eine moderne biblische Theologie kann nicht umhin", sagt Weizsäcker, „eine Deutung der Bibel mit modernen Begriffen zu sein. Hoffen wir auf eine solche Theologie, so müssen wir die Herkunft und den Sinn der modernen Begriffe verstehen. Hier hat die Naturwissenschaft die Schlüsselrolle". Entsprechend dieser Vorgabe wird in einem späteren Absatz dieses Textes die Schöpfung in der modernen Vorstellung eines selbst regulierenden Systems verstanden. Ebenso ist die zu Anfang eingeführte Sinnwelt ein Begriff, um die Inhalte des Evangeliums in moderner Sprache zu umreißen.

Mit dem Aufgeben der Vorstellung des *deus ex machina* verzichten wir auf den Glauben, als könne Gott die Regeln seiner eigenen Schöpfung jederzeit durchbrechen. Denn das ist die Vorstellung des *deus ex machina*. Zu den Regeln der Schöpfung gehören sowohl die uralten, uns aus den Mythen überlieferten göttlichen Verhaltensregeln für die Menschen einschließlich der frohen Botschaft des Neuen Testamentes, als auch die von uns so genannten Naturgesetze. Hier gibt es keinen grundsätzlichen Unterschied. Im Abschnitt „Das Gesetz" wurde darüber gesprochen. Verantwortung und Freiheit des Menschen bleiben unter den Regeln erhalten. Die Regeln sind nicht starr. Auch die naturgesetzlichen Regeln erzwingen nicht, wie früher oft fälschlich angenommen, ein bleibend starres Verhalten der Systeme natürlicher Lebenswelten (Eigen/Winkler).

Zum Verständnis dessen, was der Verzicht auf die Vorstellung des *deus ex machina* bedeutet und wie der Mensch in der Schöpfung steht, sei an dieser Stelle noch ein Satz von Simone Weil (1909–1943), einer der großen Glaubenden des 20. Jahrhunderts zitiert (Weil, S. 145):

> Von Seiten Gottes ist die Schöpfung nicht ein Akt der Selbstausdehnung, sondern des Zurückweichens, des Verzichtes. Gott und alle Geschöpfe, das ist weniger denn Gott allein. Gott hat in diese Minderung eingewilligt. Er hat einen Teil des Seins seiner entleert; darum sagt der Apostel Johannes, daß das Lamm

erwürgt worden ist seit der Grundlegung der Welt. Gott hat anderen Dingen, die nicht er sind und die unendlich geringeren Wertes als er sind, erlaubt, daß sie ein Dasein hätten. Er hat durch den Schöpfungsakt sich selbst verleugnet, wie Christus uns geheißen hat, uns selbst zu verleugnen. Gott hat sich zu unseren Gunsten verleugnet, um uns Gelegenheit zu geben, uns für ihn zu verleugnen. Diese Antwort, dieses Echo, das wir ihm vorenthalten können, ist die einzig mögliche Rechtfertigung der liebenden Torheit des Schöpfungsaktes.

Die Religionen, die diesen Verzicht begriffen haben, diesen freiwilligen Abstand, dieses freiwillige Verschwinden Gottes, seine scheinbare Abwesenheit hienieden, – diese Religionen sind die wahre Religion, die Übersetzung der großen Offenbarung in unterschiedliche Sprachen. Die Religionen, welche die Gottheit als überall dort, wo sie die Macht dazu hat, befehlend darstellen, sind falsch. Selbst wenn sie monotheistisch sind, sind sie Götzendienst.

Gott als die alles durchdringende Transzendenz bleibt ein wirkender Gott. Er wirkt durch die Schöpfung, aber er ist nicht selbst Teil der Schöpfung. Wenn wir den Sprung in den Glauben getan haben, wissen wir von diesem Wirken, und zwar aus einer Vielzahl diesseitiger Erfahrungen, die wir transzendieren. Wir begegnen dem Göttlichen in der Natur, wir begegnen ihm individuell in Gebet, Meditation und mystischer Erfahrung, und wir begegnen ihm sozial im Gegenüber unseres Nächsten, im Handeln und Empfangen. Die Wirklichkeit des Göttlichen ist die Antwort auf unsere Frage nach dem Sinn. Sinn bedeutet Bewertung. Der Glaubende bewertet seine Erfahrungen und sein Handeln, indem er sie an der Botschaft der Heiligen Schrift, im Besonderen an der des Evangeliums mißt. Zugleich unterwirft er sein Handeln dem Gehorsam der Nachfolge Christi, ebenfalls gemäß der Botschaft der Heiligen Schrift. Der Nachfolgende handelt so in das Offene hinein im Glauben an die in der Botschaft ausgesprochenen Verheißungen und an den darin liegenden Sinn. Glaube und Nachfolge werden auf diese Weise eins.

Das Verhältnis Gottes zu den Menschen ist wesentlich durch zwei Umstände bestimmt, deren Wirkungen die gesamte Heilige Schrift durchziehen. Der eine ist, daß Gott, biblisch ausgedrückt, dem Menschen seine Schöpfung überantwortet hat, damit der Mensch dort handeln soll. Das Ziel ist: *Machet euch die Erde untertan* (1. Mos. 1,28). Die Schöpfung bleibt aber Gottes Schöpfung, und daher durchdringt Gottes Wirklichkeit diese Schöpfung. Aus heutiger Sicht kann jedes Ergebnis des Wirkens des Göttlichen in der Schöpfung zuerst einmal wissenschaftlich aufgefaßt werden. Denn Wissenschaft beschreibt die Wirklichkeit des Geschehens in der Schöpfung. Zugleich können wir die innere Rationalität des Geschehens als das Wirken des Göttlichen begreifen, und darin liegt die Wahrheit für den vom wissenschaftlichen Zeitalter geprägten Menschen, wenn er glaubt. Dieses Begreifen ist gar nicht so neu. Schon Martin Luther (Commentarius) meinte, daß die Ordnungen des menschlichen Lebens und die Ereignisse der Geschichte „Larven“ und „Mummereien“ seien, hinter denen sich Gott bei seinem Handeln verbirgt. Der Unterschied zu einer rein äußerlichen Sicht liegt darin, daß der Mensch im Glauben den Sinn des Wirkens des Göttlichen erfährt und begreift. Der höchste Sinn kann als die letztendliche Güte der Schöpfung verstanden werden (Peter L. Berger). Der Glaube an diese letztendliche Güte und daran, daß das Wirken des Göttlichen diesem Ziel dient, wird in knappster Form mit dem bekannten Gesangbuchvers „Was Gott tut, das ist wohlgetan“ ausgedrückt. Ob der Mensch selbst dem Sinn und Ziel näher kommt oder nicht, hängt von s e i n e m Handeln ab.

Der zweite Umstand, der das Verhältnis Gottes zu den Menschen bestimmt, ist, daß Gott, biblisch verstanden, dem Menschen Gesetze und Verheißungen dazu gegeben hat, w i e er handeln soll. Für dieses ‚wie‘ gibt es zwei Denkweisen, die in einem dialektischen Verhältnis zueinander stehen. Vereinfachend könnte man sagen, die eine Denkweise sei intentional, die andere instrumental. Intentional ist die durch den Maßstab der Werte gekennzeichnete Wirklichkeit der Motive des Glaubenserfahrens und -handelns (Weizsäcker: „Deutlichkeit“), wobei der Ursprung der Werte die im Glauben angenommenen Gesetze und Verheißungen sind. Instrumental ist die durch die Rationalität der Logik bestimmte Wirklichkeit der Wissenschaft und der daraus erwachsenen Machbarkeit des Handelns. Die Rationalität der wissenschaftlichen Logik ist wertneutral. Die beiden Denkweisen bestehen im praktischen Handeln stets nebeneinander. Die eine liefert uns die Motive, die andere die Instrumente unseres Handelns. Es ist ein Irrtum zu meinen, der Mensch könne allein aus den so genannten Sachzwängen heraus und mit den ihm zur Verfügung stehenden Instrumenten handeln. Dahinter steht immer auch ein Werturteil sowohl über das Handeln als auch über die Instrumente, offen oder verborgen. Ohne dieses Werturteil ist Handeln, es sei denn rein sklavisch, nicht möglich. Das Werturteil ist durch den Glauben bestimmt, welcher Art der Glaube auch immer sei, gut oder böse.

Das so geartete Verständnis des göttlichen Wirkens ist nicht grundsätzlich neu. Es dürfte allerdings ein Fortschritt zu mehr Wahrheit sein im Vergleich zu den Versuchen der Vergangenheit, das Wirken Gottes als das eines *deus ex machina* zu verstehen. Zur Vertiefung in das Thema dieses Abschnitts sei das Lesen des Buches von Matthias Kroeger „Im religiösen Umbruch der Welt“ empfohlen.

Wir sagten, das neue Gottesbild sei durch das Mündigwerden des Menschen notwendig geworden. Was ist dieses Mündigwerden? Anfangs wurde es als Befreiung von ideologischen Zwängen aus früherer Zeit dank der Zunahme wissenschaftlicher Erkenntnisse empfunden. Diese Zunahme lieferte zugleich aber auch ein Herrschaftswissen, welches Schritt für Schritt die ganze Welt einschließlich der menschlichen Gesellschaft erfaßte, und welches inzwischen so umfangreich geworden ist, daß man ohne Übertreibung sagen darf, dieses Wissen lasse heute keinen Ort der Welt und kein lebendes Wesen mehr aus der Herrschaft des Menschen aus, jedenfalls aus Herrschaft als Möglichkeit. Der Mensch hat die ihm gestellte Aufgabe „*Machet euch die Erde untertan*" erfüllt. Ihm ist durch seine Herrschaft eine Verantwortung gegenüber der Schöpfung gegeben, die er früher so nicht hatte. In der Vergangenheit war er dem Walten der Schöpfungsmächte ausgeliefert, heute ist er für dieses Walten selbst mitverantwortlich. Es gibt nicht mehr ein Abwälzen der Verantwortung auf einen wie auch immer geglaubten *deus ex machina*. Das Göttliche wirkt demgegenüber wie beschrieben in einer Weise, die zugleich jenseitig und diesseitig ist. Das Wirken wird an dem später noch zu zeigenden Beispiel des selbstregulierenden Systems näher verständlich zu machen versucht. Wir müssen uns allerdings stets bewußt bleiben, daß wir die Wirklichkeit des Göttlichen nur umschreiben und im übrigen im Glauben erahnen können.

Das Herrschaftswissen selbst gibt keine Antwort darauf, wie die Verantwortung wahrgenommen werden soll. Die Maßstäbe dafür liegen außerhalb des Herrschaftswissens. Darum ist der Glaubende gefordert, eine Antwort zu geben, denn nur in der Botschaft des Glaubens finden wir die Maßstäbe. Es braucht nicht noch einmal betont zu werden, daß alle heute geltenden Maßstäbe der westlichen Welt auf unsere christliche Sinnwelt zurückzuführen sind. Sie ist unser Nährboden. Demokratie als Gesellschaftsform des ständig neu zu findenden Interessenausgleichs in der pluralistischen Gesellschaft z.B. ist christlichen Ursprungs. Freiheit des Einzelnen als Voraussetzung von Verantwortung ist christlich. Der Sozialismus, zumindest der demokratische, ist ein säkularisiertes Christentum mit neuen Wortbildungen, z.B. „Solidarität". Rückübersetzt ins Christliche heißt Solidarität: „*Einer trage des Anderen Last, so werdet ihr das Gesetz Christi erfüllen* (Gal. 6, 2). Aus dieser Wirklichkeit heraus ist es eine Aufgabe unserer kulturellen Selbstvergewisserung, die christliche Quelle als solche wieder aufzudekken.

Der Verlust der Glaubwürdigkeit des *deus ex machina* als Gottesbild könnte einer der Gründe, wenn nicht vielleicht sogar der Hauptgrund der fortschreitenden Glaubenslosigkeit in unserer Welt sein. Ein neuer Glaube mit einem zeitgemäßen Gottesbild kann nicht mehr durch den tradierten Übergang von den Alten an die Jungen entstehen, sondern muß originär aus der Erfahrung des Heiligen beim einzelnen Menschen hervorgehen. Auch ein solcher Glaube lebt aus der Gnade, in heutiger Sprache aus der letztendlichen Güte der Schöpfung. Es ist der Glaube daran, daß die Kräfte des Heils auch künftig stärker sind als die des Unheils, und ein Glaube, der zum verantwortlichen Handeln an der Schöpfung aufruft.

9 Das Böse

Die Grunderfahrung des Heils ist die einer Ordnung. Wir nennen sie die Schöpfungsordnung. Aufgabe der Menschen ist es, sie mit Gottes Hilfe immer wieder erneut zu gestalten oder zu erhalten, mit anderen Worten: die uns in der Sinnwelt in Worte gefaßte Wirklichkeit Gottes in dieser Welt lebendig werden zu lassen. Das geschieht nicht von selbst, denn dem entgegen steht die Wirklichkeit des Bösen. Diese Wirklichkeit ist in der jüngeren Vergangenheit nicht selten zu wenig wahrgenommen, manchmal sogar ganz vergessen worden, weil der Fortschrittsglaube hoffen ließ, man könne das Böse allein durch die Vernunft des autonomen Menschen domestizieren und dadurch unschädlich machen. Die Geschichte der letzten hundert Jahre hat diese Hoffnung zunichte gemacht. Deshalb stellt sich uns heute erneut die Frage, was das Böse ist, was es angesichts unserer Verantwortung für die Schöpfung bedeutet, und wie der Glaubende auf das Böse reagieren soll.

Das Böse ist ein Verstoß gegen die gute Ordnung der Schöpfung. Es entsteht aus Aggression oder aus Angst mit nachfolgender Abwehr. Sowohl das eine wie das andere wird in der Regel durch eine ideologisch legitimierte Selbstgerechtigkeit (Weizsäcker: „Der Garten des Menschlichen“) aufgefangen, was dann Handeln möglich macht. Die in der Selbstgerechtigkeit enthaltene Lüge verbirgt die Bösartigkeit des Handelns. Andererseits ist das „so genannte" Böse (Konrad Lorenz), naturkundlich betrachtet aus dem Aggressionstrieb gespeist und insofern ein vital notwendiges Verhalten des Selbstschutzes. Diese beiden Definitionen widersprechen sich nicht. Denn das „so genannte" Böse wird dadurch wirklich böse, daß der Mensch frei ist und daß er infolgedessen zwischen einem schöpfungsgemäßen und einem nicht schöpfungsgemäßen Tun wählen kann.

Das Wählen kann allerdings verschwinden, wenn die Selbstgerechtigkeit den Menschen so verblendet, daß er die Fähigkeit zu wählen verliert. Aber selbst wenn er sie nicht verloren hat, wählt der Mensch dennoch nicht selten um eines zu erlangenden Vorteils willen das nicht schöpfungsgemäße Tun mit den später auf S. 60 f. skizzierten Folgen. Dann kann er sein Tun nur noch mit der Lüge der Selbstgerechtigkeit legitimieren. Oder, christlich gesprochen, sich seiner Sünde bewußt werden und aus der Gnade leben.

Wir fragen, wie man sich als Glaubender heute der Wirklichkeit des Bösen gegenüber verhalten soll. Da entsteht zuerst die alte Frage nach der Gerechtigkeit Gottes, der so genannten Theodizee, die Frage also, wie und warum Gott das Böse zuläßt. Sie wird besonders von Menschen gestellt, die unter dem Bösen unschuldig leiden. Die Frage ändert sich, wenn man die biologische Abstammung des Menschen bedenkt, und sie ändert sich noch einmal, wenn man sich klar macht, daß es den *deus ex machina* nicht mehr gibt, der Mensch vielmehr selbst verantwortlich ist. Darf man die Frage nach der Gerechtigkeit Gottes dann überhaupt noch stellen, ist sie noch zulässig? Um eine Antwort zu finden, müssen wir uns in unserer oft allzu individualistisch geprägten Vorstellungswelt klar machen, daß der Mensch, den das Unheil ohne eigenes Verschulden trifft, nicht nur als Einzelner, sondern auch als Mitmensch vor Gott steht. Wir sind als die heute für die Schöpfung Verantwortlichen alle miteinander haftbar für das Böse, das in der Welt gegen die Schöpfung geschieht, auch wenn wir persönlich unschuldig sind. Das drückte z.B. Marie von Ebner-Eschenbach schon in ihren zuerst 1879 erschienenen Aphorismen mit den Worten aus: „Wenn ihr wüßtet, daß ihr solidarisch seid für jedes begangene Unrecht, das Lästern würde euch vergehen“. Diese aus unserer Verantwortung für die Schöpfung folgende Mithaftung des Einzelnen ist einer der Gründe dafür, daß Leiden „unverdient“ sein kann, und sollte umgekehrt Anlass zur helfenden Solidarität mit dem leidenden Mitmenschen sein.

Der Vollzug der Mithaftung, die mithaftende Solidarität des Wiedergutmachens, ist Nachfolge Jesu im Gehorsam des Glaubenden gegenüber der Botschaft des Evangeliums. Dieser Vollzug enthält die Verheißung, daß die Gerechtigkeit Gottes im Rahmen des Möglichen wieder hergestellt und damit die Wirklichkeit des Bösen gemindert werden kann. Er dient dem Erhalt der Schöpfung. Der Vollzug der Haftung ist vielfach mit Leiden verbunden. Für den Glaubenden bedeutet es ein Leiden um Christi willen.

Wenn wir Krankheit, so genannte höhere Gewalt, den Tod von Mitmenschen und anderes nicht vom Menschen verursachtes Leid in die Betrachtung einbeziehen, so müssen wir einräumen, daß wir *hier* den Gesetzen der Natur unterliegen, uns also im Reich der Notwendigkeit befinden. Dafür entfällt – in gewissen Grenzen – die Verantwortung.

10 Das Leiden

Der Glaubende begegnet dem Bösen, indem er gehorsam gegen die Botschaft des Evangeliums ist. Jesus spricht: *Wer das Schwert nimmt, soll durch das Schwert umkommen* (Mt. 26, 52). Bedeutet das, daß der gläubige Mensch Unrecht jederzeit hinnehmen soll? Zunächst gilt: Die Hinnahme des Leidens entlarvt die Lüge der Selbstgerechtigkeit und deckt so das Böse als Böses auf, jedenfalls wenn das Leiden öffentlich ist. Die Öffentlichkeit unschuldigen Leidens ist eine der stärksten Waffen im Kampf gegen die Mächte des Bösen. Es kann Gerechtigkeit erzwingen und Gewalt sowie illegitime Herrschaft – die oft verborgen ist – brechen, wenn es auch manchmal lange dauert. Das ist eine Erfahrung, für die es viele Beispiele gibt. Sie gilt nicht nur im Politischen, sondern – wenn auch in abgemilderter Form – in jeder sozialen Gruppierung. Auf solche Weise gewinnt das Leiden einen Sinn. Es sei gewagt zu behaupten, daß diese Wirkung eine der Weisen ist, in welcher Gottes Wirklichkeit in der Schöpfung sichtbar wird. Es entspricht der letztendlichen Güte der Schöpfung. In diesem Sinne kann man Mt. 5, 10 (*Selig sind die Sanftmütigen, denn sie sollen das Erdreich besitzen*) verstehen.

Die Inhaber der staatlichen Gewalt müssen Unrecht bekämpfen und, soweit möglich, Gerechtigkeit herstellen.

Dies ist weltlich, der Gehorsam gegen das Evangelium ist Sache des Glaubens.

Für den Glaubenden geht es nicht nur um das Leiden selbst, sondern auch um das Durchhalten der Liebe im Leiden (Lk. 23, 34). Für uns gilt Gal. 6, 2: *Einer trage des Anderen Last, so werdet ihr das Gesetz Christi erfüllen*. Das freiwillige Tragen der Last des Anderen, der Dienst der Liebe, wird zur stellvertretenden Haftung, der Haftung, die der Mensch als Erfüllung des Gesetzes Christi Gott darbringt. Stellvertretend, weil wir nicht nur für uns selbst, sondern in der Liebe auch für unseren Nächsten haften. Der Mensch ist so zugleich verantwortlich für und angewiesen auf Stellvertretung (Dorothee Sölle). Das Tragen der Last des Anderen umfaßt den kleinen alltäglichen Dienst bis zur Hingabe des eigenen Lebens. Die Wiederentdeckung des Bösen lehrt uns auf diese Weise erneut, das Tragen des Kreuzes als den Kern des Christseins zu begreifen.

Auf zwei Wegen also dient das Leiden dem Umgang des Menschen mit dem Bösen. Der eine ist die Aufdeckung der Wahrheit des Bösen in der öffentlichen Annahme des Leidens, der andere die Aufhebung des Bösen in der stellvertretend liebenden Mithaftung.

11 Die Schöpfung als selbst regulierendes System

Wie gesagt, ist das Böse ein Verstoß gegen die gute Ordnung der Schöpfung. Aus diesem Grunde ist es zerstörerisch, und zwar bis zur Selbstzerstörung, das lehrt die Geschichte. Die Liebe hingegen erhält die Ordnung der Schöpfung oder baut sie auf. Da die Menschen nun aber nur in einer guten Ordnung leben, gestalten, kreativ sein können und so weiter, ist das zerstörerische Böse auf die Dauer unerträglich. Deshalb machen sich die Menschen nach Zeiten des Unheils bereitwillig auf, die gute Ordnung wiederherzustellen, dabei voller Reue die Gebote Gottes erneut in sich aufnehmend, anders gesagt das Reich Gottes erneut in sich und damit in die Welt eindringen lassend. Dies Geschehen läuft oft ab, ohne daß die Menschen bewußt an Gott denken. Nach dem zweiten Weltkrieg war das zum Beispiel deutlich. Von außen gesehen ist es ein im Wesen der Schöpfung liegender, heute als selbst regulierend empfundener Prozeß im geschichtlichen Zeitmaßstab, er geschieht scheinbar von selbst, und gerade das ist das Eindringen von Gottes Wirklichkeit in die Wirklichkeit dieser Welt, ist das Handeln Gottes an den Menschen, ist das Wirken des Göttlichen. Das Wirken ist zwar besonders gut erfahrbar, wenn es in geschichtlichen Zeitmaßstab wahrgenommen wird, ist aber Bestandteil unseres täglichen Lebens. Ziel des Wirkens ist das Heil, und darin liegt der

Sinn des Prozesses. Der Sinn steuert die Selbstregulierung als einen auf das Heil gerichteten Prozeß. Daß wir an dieses „auf das Heil gerichtet sein“ glauben, das ist mit anderen Worten unser Glaube an die letztendliche Güte der Schöpfung. Subjektiv erfahren wir im Glauben diese Wirkung als Gnade.

Weltlich gesehen ist Selbstregulierung ein allgemeines Steuerungsprinzip sozialer Systeme (Luhmann), und zwar in der ganzen Breite der Bedeutung von Sinn. Unter der Vorgabe des Sinns ordnet sich der Einzelne in die Selbstregulierung ein und dient damit der Ordnung. Gesellschaftlich legitimiert ist dies Verhalten durch die uns leitende Sinnwelt, die, wie mehrfach gesagt, im Kern das Evangelium ist oder, wenn man so will, „die westlichen Werte“ sind. Wir können das Geschehen also einerseits rational verstehen, andererseits dürfen wir im Glauben Selbstregulierung als die dem Heil dienende Struktur der Schöpfung ansehen und die Erfahrung des Heilsgeschehens Gnade nennen. Dann bedeutet *„nach dem Reich Gottes trachten“* (Mt. 6, 34), sich in die Schöpfung einzuordnen. Die geistige Klammer zwischen beiden ist die Sinnwelt, die beide Sichtweisen bedient. In diesem Sinne ist die Vorstellung der Schöpfung als ein selbst regulierendes System einfach ein modernes Gleichnis, so wie ja auch im Neuen Testament Gottes Wirken durch Gleichnisse aus dem weltlichen Leben verständlich gemacht wird. Die Deutung der Gesetze als Stabilitätskriterien der Schöpfung ab S. 20 wird dann ebenfalls besser verständlich.

Das Gleichnis weist auf die auf S. 45 f. angesprochene Doppelbetrachtung des weltlichen Geschehens hin. Zwischen der rein weltlichen Betrachtung und jener im Glauben gibt es einen Unterschied. Im Glauben wissen wir, daß der Sinn der Schöpfung im Wirken des Göttlichen angelegt ist, denn wir glauben an die letztendliche Güte der Schöpfung. Weltlich hingegen entdecken wir den Sinn immer erst nachträglich, sofern wir ihn überhaupt entdecken. Dieser Unterschied ist fundamental, denn er bestimmt unser Verhalten.

Wir sagten, daß die Menschen sich nach Zeiten des Unheils bereitwillig aufmachen, das Reich Gottes wieder in die Welt eindringen zu lassen. Dieses *bereitwillig sich aufmachen* ist ein Handeln der Menschen. Das Wirken des Reiches Gottes hingegen erfahren wir als ein Handeln Gottes, und so drückten wir es auch in den Sätzen über die Schöpfung als selbstregulierendes System aus. Auch hier ist also, ebenso wie beim Sprung in den Glauben das Geschehen beidseitig. Das Göttliche wartet auf die Bereitschaft des Menschen, zu glauben und nachzufolgen, und läßt, wenn die Bereitschaft da ist, seine ordnende Wirkung des Heils sich entfalten, und zwar durch das *schöpfungsgemäße* Handeln der Menschen. Das Heil erfahren wir im Glauben. Es ist auf S. 29 f. im Abschnitt „Die Realität der Glaubenserfahrung“ unter der Bezeichnung „Erfahrung des Heiligen“ beschrieben. Beispiele sind dort genannt.

Die Selbstregulierung der Schöpfung funktioniert, wenn unter den Menschen Freiheit herrscht, die Kräfte des Heils sich also unbehindert entfalten können. In der Realität stehen dem nicht selten die Kräfte des Unheils, des Bösen, entgegen. Sie erwachsen, wie beschrieben, aus der Selbstgerechtigkeit. Der Selbstgerechte ist blind für die letztendliche Güte der Schöpfung und schafft sich deshalb eine besondere

Art von Glauben, nämlich den Glauben an eine Ideologie (s. S. 51). Die Ideologie benötigt der Selbstgerechte als den Inhalt der sein Handeln legitimierenden Sinnwelt, weil ihn, wie jeden Menschen, ohne eine Sinnwelt Unsicherheit und Angst befallen würden. So hält er an seiner Ideologie als der legitimierenden Grundlage seines Handelns fest. Der Glaube an die Ideologie versperrt ihm den Weg zu den Kräften des Heils. Wenn in einer Gesellschaft Selbstgerechtigkeit und Ideologie überhand nehmen, funktionieren die Anpassungsprozesse der Selbstregulierung nicht mehr. Das Böse wächst.

Die Vorstellung des selbst regulierenden Systems muß nicht auf die sozialen Systeme des Menschen beschränkt bleiben, sondern kann, wenn auch in anderer Weise, auch auf die nicht-menschliche Natur und damit auf die Schöpfung als Ganzes angewendet werden. Das kann hier nicht weiter erörtert werden. Es sei auf das Werk von Gregory Bateson: „Geist und Natur. Eine notwendige Einheit" verwiesen.

Nicht nur das Heilsgeschehen, auch das Geschehen des Unheils, wenn die Menschen sich nicht in die Schöpfung einordnen, ist ein Wirken des Göttlichen in der Schöpfung, ist Gottes Handeln. Und auch dieses Unheil wird uns in der Bibel verheißen, In Joh. 3, 18 lesen wir: W*er an ihn* – Jesus Christus – *glaubt, wird nicht gerichtet, wer aber nicht glaubt, der ist schon gerichtet*. Das hier ausgesprochene „der ist schon gerichtet" drückt den sich wiederum „wie von selbst", d.h. „selbst regulierend", entwickelnden Vollzug des Unheils im Falle des sich nicht Einordnens aus, praktisch gesprochen, wenn Angst, Mißtrauen und Gewalt das Leben beherrschen, wenn also die gute Ordnung der Schöpfung gestört ist. Das drückt direkt der nachfolgende Vers Joh. 3, 19 aus: *Das aber ist das Gericht, daß das Licht in die Welt gekommen ist, und die Menschen liebten die Finsternis mehr als das Licht, denn ihre Werke waren böse.* Wenn man so denkt, ist jeder Tag ein Tag des Gerichts. Damit wird in unserer Vorstellungswelt verständlich, was Eschatologie heute bedeuten kann.

Man darf aber weder das Heils- noch das Unheilsgeschehen ethisch-moralisch mißverstehen, denn dann wäre der reine Vernunftglaube des autonomen Menschen das Richtige. Der Mensch kann das vernunftgemäß Richtige nur aus der Beugung vor dem Heiligen tun, das heißt durch Abgabe seiner scheinbaren Souveränität – seiner Selbstgerechtigkeit – an Gott, was unweigerlich aus der Einsicht seiner Unreinheit vor Gott – die das Böse einschließt – folgt, und damit der Einsicht, daß er aus der Gnade lebt und nur aus ihr leben kann. Das ist die Erfahrung am Ende des 20. Jahrhunderts. Diese Erfahrung bedeutet zugleich das Wiederentdecken – so möchte ich es nennen – des Handelns Gottes in der Welt im Gegensatz zum Glauben an die Machbarkeit alles Seienden. Und hier kann dann auch das Gebet einsetzen.

12 Das Glaubensbekenntnis

Das apostolische Glaubensbekenntnis wurde im Jahre 451 auf dem Konzil zu Chalkedon beschlossen. Es ist bis heute das verbindende Bekenntnis der vom römischen Papsttum sich ableitenden westlichen Christenheit einschließlich der Kirchen der Reformation. Wegen dieser Eigenschaft wird es auch künftig das verbindliche Bekenntnis bleiben. Es ist nicht zu erwarten, daß alle Kirchen ein neues zeitgemäßes Bekenntnis einmütig zustande bringen werden. Das in sich stimmige Bekenntnis stammt aus einer anderen Vorstellungswelt. Man könnte es mit Geschichtsbewußtsein und aus Respekt vor der Tradition akzeptieren. Es enthält allerdings einen Mangel, der darin besteht, daß aus dem irdischen Leben Jesu nur die Geburt und die Passion mit wenigen Worten genannt sind. Es gibt keinen weiteren Hinweis auf das Evangelium, das doch die eigentliche Basis des Glaubens und der Nachfolge Jesu ist. Der Grund könnte sein, daß die Konzilsteilnehmer unter dem Druck des Kaisers, der das Christentum als Staatsreligion eingeführt hatte, weniger an die Bibel dachten, als vielmehr, nach jahrzehntelangem Streit der Theologen (Schneider) über die Wesensnatur Christi und die Trinität, eine verbindliche Folge von dogmatischen Aussagen zu erreichen suchten, um die Streitereien zu beenden.

Für den aus der naturwissenschaftlichen Welt kommenden Menschen ist das apostolische Glaubensbekenntnis wenig geeignet, den Glauben angemessen auszudrücken.

13 Folgerungen

Der christliche Glaube lebt in der jahrhundertealten großen Überlieferung der kirchlichen Verkündigung, der Mythen, der Gebete, der Lieder, der Rituale, der Sakramente. Diese Überlieferung und das Verständnis für sie in einer bestimmten Zeit sind nicht konstant, sondern ändern sich. Beides unterliegt einer unaufhaltsamen geschichtlichen Entwicklung durch Anpassen von Überlieferung und Verständnis an veränderte Wirklichkeiten der Welt. Was zu einer Zeit bedeutend und glaubhaft war, kann zu anderer Zeit unbedeutend und unglaubhaft werden. Umgekehrt treten neue Wahrheiten in den Blick. Auch zu unserer Zeit muß die Überlieferung an die Wirklichkeiten der Gegenwart angepaßt werden. Dem Leser dieses Textes sollen die Ausführungen zu einer Sensibilität für die Art, wie die Anpassung zu geschehen hat, verhelfen.

Dazu bringt die vorliegende Darstellung einige neue Sichtweisen. Sie sollen es uns erleichtern, zu akzeptieren, daß heute zwar unter anderen Bedingungen geglaubt wird als früher, daß der Glaube aber kein Fremdkörper in unserem heutigen Denken ist, sondern ein notwendiger Bestandteil der Sinngebung unseres gegenwärtigen und künftigen Lebens bleiben kann und bleiben sollte. Wenn in einem Berliner Kiez vor den Ohren der Polizei laut der Ruf ertönt „Es lebe der Dschihad, Sch…-Christen" („Der Tagesspiegel"

10.08.2016), sollten wir nachdenklich werden und nach unserer kulturellen Identität fragen. Wir sollten uns nicht damit trösten, daß es so etwas nur in Berlin gibt. Es breitet sich aus. Unsere Gefährdung ist aber weniger, daß der Islam kommt, sondern mehr, daß wir überhaupt nicht mehr glauben und ein Vakuum hinterlassen, in dem neue Sehnsüchte sich breit machen (s. S. 29), die dann allerdings auch dem Islam die Tore öffnen können. Das Vakuum können wir ausfüllen, indem wir uns wieder bewußt machen, wer wir eigentlich sind, woher wir kommen und was wir glauben.

14 Anhang: Der Begriff der Sinnwelt (nach Berger und Luckmann)

Gesellschaftliche Ordnungsstrukturen müssen legitimiert werden, wenn sie über längere Zeit stabil sein sollen. Die Legitimierung erfolgt vornehmlich durch die Produktion von Sinn. Das Wissen des Sinns einer Sache, eines Vorgangs oder einer Handlung macht dem Einzelnen diese Sache, diesen Vorgang, diese Handlung einsichtig, und er kann dementsprechend „sinnvoll" mit ihnen umgehen.

Die Produktion von Sinn besteht darin, einzelne Bedeutungen, die ungleichartigen Institutionen anhaften, in eine Sinnhaftigkeit zu integrieren. Das Ziel dieses Vorganges ist, solche Institutionen dem Beobachter objektiv zugänglich und subjektiv ersichtlich zu machen. Dieses zugänglich und ersichtlich machen bedeutet, daß die einzelne Institution durch die ihr nunmehr geltende Sinnhaftigkeit in die Gesellschaft integriert, und ihr zugehörig gemacht ist, daß sie legitimiert ist. Entsprechendes gilt mutatis mutandis auch für die Einzelperson, was hier aber nicht weiter erörtert wird.

Es gibt auf der konkreten Ebene der Institutionen eine Vielzahl verschiedener Sinngebungen. Zusammen liefern sie das, was wir eine S i n n w e l t nennen. In ihr gibt es eine Hierarchie von Stufungen des Sinns mit zunehmender Allgemeinbedeutung von unten nach oben. „Demokratie" ist z.B. eine recht allgemeine Sinngebung. Unter ihr kann man nach dem rechten Sinn des Wahlgesetzes fragen oder nach dem Sinn der Kompetenzverteilung zwischen Bundespräsident und Bundeskanzler usw. Unter dem Wort Demokratie verbirgt sich also eine ganze Sinnwelt. Wie die Sinngebung im einzelnen, so gibt auch die Sinnwelt als Ganze dem Menschen Sicherheit, nach innen als Schutz vor Angst und Grauen, nach außen, um in die Welt hinein planen und gestalten zu können.

Die höchste Stufe der Sinnwelten sind die so genannten symbolischen Sinnwelten. Es sind synoptische Gesamtheiten, die verschiedene Sinnbereiche integrieren und so die institutionalisierte Ordnung als symbolische Gesamtheit überwölben. Symbolisch bedeutet, daß der Sinn nicht allein aus der Alltagswirklichkeit, sondern auch aus anderen Wirklichkeiten entnommen ist, in unserem Zusammenhang vor allem aus Glaubenswirklichkeiten. Symbolische Sinnwelten sind theoretischer, und wenn es sich um Glaubenswirklichkeiten handelt, religiöser Natur.

In der Vergangenheit war der Mythos die meist verwendete Form, diese Natur auszudrücken. Eine symbolische Sinnwelt ist in der Lage, der gesamten erfahrbaren Wirklichkeit einen einheitlichen Sinn zu liefern, so wie es z.B. im christlichen Mittelalter der Fall war. Ähnliche Wirkung hatte in der jüngeren Vergangenheit in einigen Bereichen unserer Welt die Ideologie der kommunistischen Partei.

Eine symbolische Sinnwelt ist das, was in diesem Aufsatz als religiöse oder einfach nur als Sinnwelt bezeichnet ist.

15 Literatur

Albrecht, Carl: „Psychologie der Mystik" in: Ruhbach, Gerhard u. Sudbrack, Josef: „Christliche Mystik in zwei Jahrtausenden". München 1989, S. 486–493.

Barth, Hans Martin: „Konfessionslos glücklich. Auf dem Weg zu einem religionstranszendenten Christsein". Gütersloh 2013.

Bateson, Gregory: „Geist und Natur. Eine notwendige Einheit". Frankfurt a. M. 1997.

Berger, Peter L.: „Sehnsucht nach Sinn. Glauben in einer Zeit der Leichtgläubigkeit", Frankfurt a. M. 1994.

Berger, Peter L., Luckmann, Thomas: „Die gesellschaftliche Konstruktion der Wirklichkeit. Eine Theorie der Wissenssoziologie", Frankfurt a.M. 1969.

Bethge, Eberhard: „Dietrich Bonhoeffer. Eine Biographie", München 1983.

Bonhoeffer, Dietrich: „Nachfolge", 5. Aufl., München 1956.

Bonhoeffer, Dietrich: „Widerstand und Ergebung", München 1951.

Buddeberg, Siegfried: „Grundformen christlichen Lebensgefühls", Stuttgart 1962.

Ebner-Eschenbach, Marie von: „Aphorismen", Insel-Bücherei Nr. 543.

Eigen, Manfred, Winkler, Ruthild: „Das Spiel. Naturgesetze steuern den Zufall", München 1975.

Einstein, Albert: „Wie ich die Welt sehe" in: „Einstein, Albert: „Mein Weltbild", hrsg. von Carl Seelig, Berlin 2005. Erstdruck Amsterdam, Querido, 1934.

Hamann, Konrad: „Rudolf Bultmann. Eine Biographie", Tübingen 2009 .

Hammarskjöld, Dag: „Politik und Mystik“ in: Ruhbach, Gerhard u. Sudbrack, Josef: „Christliche Mystik. Texte aus zwei Jahrtausenden“, München 1989, S. 478–486.

Heberer, Gerhard: „Die Herkunft der Menschheit“ in Propyläen-Weltgeschichte, hrsg. v. Golo Mann u. Alfred Heuß, Band 1 „Vorgeschichte und frühe Hochkulturen“, Frankfurt a.M. 1961 S. 87–154 .

Jörns, Klaus-Peter: „Notwendige Abschiede. Auf dem Weg zu einem glaubwürdigen Christentum“, Gütersloh 2004.

Kierkegaard, Sören: „Furcht und Zittern“ in dem Band „Die Krankheit zum Tode und anderes“ der Kierkegaard-Ausgabe v. Hermann Diem u. Walter Rest, Köln 1959. Siehe im besonderen hierzu: Tim Hagemann: „Kierkegaards Sprung in den Glauben“, parapluie, elektronische zeitschrift für kulturen – künste – literaturen: http://parapluie.de/archiv/sprung/kierkegaard. 5 Seiten A4, Copyright 1997–2012.

Kroeger, Matthias: „Im religiösen Umbruch der Welt. Der fällige Ruck in den Köpfen der Kirche“, Stuttgart 2005.

Lorenz, Konrad: „Das sogenannte Böse. Zur Naturgeschichte der Aggression“, Wien 1963.

Luhmann, Niklas: „Soziale Systeme. Grundriß einer allgemeinen Theorie“, Frankfurt a.M. 1985.

Luther, Martin: in epistolam S. Pauli ad Galatas Commentarius [1513] 1535.

Merton, Thomas: „Die innere Erfahrung“ in: Ruhbach, Gerhard u. Sudbrack, Josef: „Christliche Mystik in zwei Jahrtausenden“, München 1989, S. 500–509.

Nossack, Hans Erich: „Die Tagebücher 1943–1977“, Frankfurt a.M. 1997.

Oeters, Franz: „Heute Glauben“, Evangelische Aspekte 20 (2010), H. 3, S. 30–34.

Otto, Rudolf: „Das Heilige. Über das Irrationale in der Idee des Göttlichen und sein Verhältnis zum Rationalen“, München 1963.

Plessner, Helmut: „conditio humana“ in Propyläen-Weltgeschichte, hrsg. v. Golo Mann u. Alfred Heuß, Band 1 „Vorgeschichte und frühe Hochkulturen“, Frankfurt a.M. 1961, S. 33–86.

Rahner, Karl: „Zur Theologie des geistlichen Lebens“ in: Schriften zur Theologie, Bd. 7, Einsiedeln/Zürich/Köln 1966.

Schneider, Karl: „Das Christentum“ in Propyläen-Weltgeschichte, hrsg. v. Golo Mann u. Alfred Heuß, Band 4 „Rom, Die römische Welt“, Frankfurt a.M. 1963, S. 429–486.

Sievers, Wilhelm: „Christlicher Glaube für Aufgeklärte“, Kiel 2014.

Sölle, Dorothee: „Stellvertretung. Ein Kapitel Theologie nach dem Tode Gottes“, Stuttgart 1982.

Tillich, Paul: „Systematische Theologie“, 6. Aufl., Stuttgart 1979.

Weil, Simone: „Das Unglück und die Gottesliebe“, München 1953.

Weizsäcker, Carl-Friedrich von: „Der Garten des Menschlichen. Beiträge zur geschichtlichen Anthropologie“, München 1977.

Weizsäcker, Carl-Friedrich von: „Deutlichkeit. Beiträge zu politischen und religiösen Gegenwartsfragen“. München, Wien 1978.

Zimmerling, Peter: „Evangelische Mystik“, Göttingen 2015.

THEOLOGIE / RELIGIONSWISSENSCHAFT

Bd. 1 Sidnei Vilmar Noé: Einstellungs- und Verhaltensänderungen in und durch Kleingruppen: Rezeption eines sozialpsychologischen Komplexes für den kirchlichen Kontext. 266 Seiten. ISBN 978-3-86596-048-1

Bd. 2 István Keul: Religion, Ethnie, Nation und die Aushandlung von Identität(en). Regionale Religionsgeschichte in Ostmittel- und Südosteuropa. 184 Seiten. ISBN 978-3-86596-009-2

Bd. 3 Wilhelm Schmidt: Der brennende Dornbusch. Eine Darlegung des Evangeliums nach Johannes. 1370 Seiten. (Broschur) ISBN 9-783-86596-044-3. (Hardcover) ISBN 9-783-86596-045-0

Bd. 4 Barbara Kern: Das altägyptische Licht- und Lebensgottmotiv und sein Fortwirken in israelitisch/jüdischen und frühchristlichen Traditionen. Eine religionsphänomenologische Untersuchung. 636 Seiten. ISBN 978-3-86596-107-5

Bd. 5 Elke Axmacher: Lebenswege – Fluchtwege. Kantaten- und Liedpredigten an der Universität Bielefeld 1995–2006 mit musikalischen Erläuterungen von Michael Hoyer. 138 Seiten. ISBN 978-3-86596-165-5

Bd. 6 Wilhelm Schmidt: Ravenna. Die Botschaft seiner Bilder. 258 Seiten. ISBN 978-3-86596-067-2

Bd. 7 Meehyun Chung/Elisabeth C.Miescher (eds.): Weaving Dreams – Träume weben. Festschrift zum 90. Geburtstag von Pfarrerin Dr. theol. h.c. Ruth Epting. 378 Seiten. ISBN 978-3-86596-198-3

Bd. 8 Reiner Marquard: Mathias Grünewald und die Reformation. 284 Seiten. ISBN 978-3-86596-250-8

Bd. 9 Elisabeth Bücking, Cornelia Göksu, Inge Heiling, Waltraud Liekefett und Katharina Nickel (Hg. als Vertreterinnen des ÖFCFE Deutschland): Ökumene weiblich. Frauen überschreiten Grenzen. 320 Seiten. ISBN 978-3-86596-268-3

Bd. 10 Anna Briskina-Müller/Johann Schneider (Hg.): Orthodoxie und Reformation – Mehr als ein 50-jähriger Dialog. 190 Seiten. ISBN 978-3-86596-299-7

Bd. 11 Petra Hörner (Hg.): Jakob Beringer: Evangelienharmonie. 400 Seiten. ISBN 978-3-86596-308-6

Bd. 12 Meehyun Chung: Reis und Wasser. Eine feministische Theologie in Korea. 230 Seiten. ISBN 978-3-86596-434-2

Bd. 13 Horst Friedrich Rolly: Biblische Weisungen für den Frieden. Eine Phänomenologie christuszentrierter Friedfertigkeit. 138 Seiten. ISBN 978-3-86596-477-9

THEOLOGIE / RELIGIONSWISSENSCHAFT

Bd. 14 Helmut A. Müller (Hg.): Kultur, Religion und Glauben neu denken. Von der abrahamitischen Ökumene zur Ökumene der Religionen. 202 Seiten. ISBN 978-3-7329-0028-2

Bd. 15 Johannes Cogeler: Imagines Elegantissimae (1558) & Similitudines Accomodatae ad Necessarias Doctrinae Coelestis (1561). Ins Deutsche übersetzt von Margarete Schwartze-Staudt. In Faksimile mit Einleitung herausgegeben von Peter Schwartze. 546 Seiten. ISBN 978-3-7329-0080-0

Bd. 16 Arnd Hollweg, in Zusammenarbeit mit Astrid Hollweg: Lebensgrund in Gott. Erkennen im Glauben und Erkennen in den Wissenschaften in ihrem Verhältnis zueinander. 736 Seiten, gebunden. ISBN 978-3-7329-0153-1

Bd. 17 Franz Oeters: Schritte zum Glauben für Zeitgenossen. 74 Seiten. ISBN 978-3-7329-0346-7

Bd. 18 Winfried Noack: Zur Freiheit befreit – Die gute Nachricht von der Freiheit gegen die gesetzliche Unfreiheit. 160 Seiten. ISBN 978-3-7329-0481-5

Bd. 19 Gertrud Arnold: Martin Buber – Leben und Werk im Zeichen des Dialogischen. 134 Seiten. ISBN 978-3-7329-0609-3